SEMINA IL SUCCESSO

Jim Rohn e la Legge del Seme e del Raccolto

Sommario

1.Introduzione

Benvenuto in "Semina il Successo: Jim Rohn e la Legge del Seme e del Raccolto"!

In queste pagine, ti immergerai in un viaggio straordinario verso il raggiungimento del tuo pieno potenziale e del successo duraturo.

Attraverso le parole di Jim Rohn e i principi fondamentali della sua filosofia, esploreremo insieme il potere trasformativo della Legge del Seme e del Raccolto e come possiamo applicarla per ottenere risultati straordinari nella nostra vita.

Preparati a scoprire nuove prospettive, ad abbracciare il cambiamento e a iniziare il tuo viaggio verso una vita di successo e realizzazione personale.

Che questo libro sia per te un faro luminoso lungo il cammino verso la tua migliore versione!

1.1 Prefazione

Benvenuto, amico viaggiatore, in questo viaggio straordinario verso il successo e la realizzazione personale.

Sei giunto fino a qui con un desiderio ardente nel cuore: quello di trasformare la tua vita, di realizzare i tuoi sogni più audaci e di raggiungere traguardi che fino a oggi sembravano irraggiungibili.

Questo libro è più di un semplice manuale di istruzioni. È una mappa dettagliata che ti condurrà attraverso terre sconosciute e stimolanti, verso mete che fino a oggi potevano sembrare distanti e inaccessibili. La Legge del Seme e del Raccolto di Jim Rohn è un principio fondamentale che risuona attraverso i secoli, un principio che ci ricorda che ciò che seminiamo nella nostra vita è ciò che raccoglieremo.

In queste pagine, esploreremo insieme il potere trasformativo della consapevolezza e dell'azione consapevole. Scopriremo come le nostre scelte quotidiane, i nostri pensieri e le nostre azioni possano plasmare il nostro destino e influenzare il nostro futuro. Attraverso storie, esempi ed esercizi pratici, imparerai a coltivare i semi del successo, a superare gli ostacoli lungo il cammino e a raccogliere i frutti del tuo lavoro.

Sappi che questo viaggio non sarà sempre facile. Ci saranno sfide da affrontare, ostacoli da superare e momenti di dubbio e incertezza. Ricorda sempre che sei più forte di quanto credi, e che ogni sfida è un'opportunità per crescere e migliorare.

Quindi, prendi per mano la tua determinazione e lasciati guidare dalle pagine di questo libro. Siamo qui per te, pronti a sostenerti lungo il cammino e a celebrare ogni tua vittoria.

È ora di iniziare questo straordinario viaggio verso una vita di successo, realizzazione e abbondanza.

Che la tua avventura abbia inizio!

1.2 Introduzione dell'Autore

Benvenuto in questo straordinario viaggio verso la trasformazione personale e il successo.

Siamo Mandàla Editori, una casa editrice impegnata nel promuovere il benessere e l'empowerment attraverso la conoscenza e l'ispirazione. È con grande gioia e umiltà che ci presentiamo come gli artefici di questa opera che hai ora tra le mani.

Crediamo fermamente che tu abbia il potenziale per raggiungere la grandezza e la realizzazione personale. Con questo libro, ci proponiamo di offrirti gli strumenti e le conoscenze necessarie per coltivare questo potenziale e realizzare i tuoi sogni più audaci.

Siamo mossi da una profonda passione per l'empowerment personale e il miglioramento continuo. Ogni parola, ogni pagina di questo libro porta con sé il nostro impegno per aiutarti a liberare il tuo potenziale interno e a trasformare la tua vita in qualcosa di straordinario.

Sappiamo che il cammino verso il successo può essere tortuoso e talvolta impervio, ma siamo qui per te in ogni passo del percorso. Ci impegniamo a essere una fonte di ispirazione, guida e sostegno mentre ti avventuri nel viaggio della crescita personale e del successo.

Con umiltà e gratitudine, ci impegniamo a offrirti il meglio di noi stessi attraverso le pagine di questo libro. Ti invitiamo ad aprirlo con mente aperta e cuore aperto, pronto a essere trasformato e ispirato.

Che questo libro sia per te un faro luminoso nel buio, una guida affidabile lungo il cammino e un compagno di viaggio fidato mentre percorri la strada verso il successo e la realizzazione personale.

Con te, caro lettore, il nostro viaggio assume un significato più profondo e significativo.

Con amore e dedizione,

Mandàla Editori

1.3 Obiettivi del Libro

Caro lettore,

sei sul punto di intraprendere un viaggio straordinario verso la realizzazione personale e il successo. In queste pagine, ti attendono tesori di conoscenza, ispirazione e saggezza che ti guideranno lungo il cammino verso una vita più significativa, appagante e ricca di successo.

Gli obiettivi di questo libro sono molteplici, ma tutti convergono verso un unico scopo: aiutarti a trasformare la tua vita in un capolavoro di realizzazione e felicità.

Attraverso parole cariche di motivazione, strategie pratiche e storie di successo, ci proponiamo di:

Illuminare il Potenziale: Vogliamo aiutarti a scoprire e sbloccare il tuo potenziale illimitato. Ogni individuo è dotato di talenti unici e capacità straordinarie, e ci impegniamo a mostrarti come coltivare e sfruttare appieno queste risorse per raggiungere i tuoi obiettivi più audaci.

Incoraggiare la Crescita Personale: La crescita personale è il cuore pulsante della trasformazione. Attraverso una serie di strategie, esercizi e riflessioni, ti incoraggiamo a metterti in gioco, ad abbracciare il cambiamento e a progredire costantemente verso una versione migliore di te stesso.

Guidarti verso il Successo: Il successo può assumere molte forme, ma è sempre il risultato di un impegno costante, una visione chiara e azioni mirate. Ti guideremo attraverso i principi e le pratiche che hanno reso possibili i successi di coloro che hanno percorso questa strada prima di te.

Ispirarti all'Azione: L'ispirazione senza azione è solo un sogno. Ti sfideremo ad agire con coraggio, determinazione e costanza verso i tuoi obiettivi. Ogni pagina di questo libro è progettata per alimentare la tua motivazione e spronarti a compiere i passi necessari per realizzare i tuoi sogni.

Creare una Comunità di Successo: Insieme, possiamo raggiungere traguardi straordinari. Ti invitiamo a unirti alla nostra comunità di individui orientati al successo e al benessere, pronti a condividere esperienze, conoscenze e supporto reciproco lungo il percorso.

Con questi obiettivi in mente, ci impegniamo a offrirti un'esperienza di lettura coinvolgente, edificante e trasformativa.

Che questo libro sia per te un faro di luce nel buio, una fonte di ispirazione costante e una mappa affidabile per il tuo viaggio verso il successo e la realizzazione personale. La tua avventura inizia ora, e noi siamo qui per accompagnarla con te.

2. Jim Rohn

Entra con noi in un viaggio attraverso la vita straordinaria di Jim Rohn, un uomo che ha lasciato un'impronta indelebile nel mondo del self-help e dello sviluppo personale.

Conosciuto come il mentore dei mentori, Jim Rohn è stato una figura iconica nel campo della crescita personale, ispirando milioni di persone in tutto il mondo con le sue parole, le sue idee e il suo esempio di vita.

In questa sezione, esploreremo la vita, il lavoro e l'eredità di Jim Rohn, una figura che ha tracciato il percorso per migliaia di individui desiderosi di trasformare le proprie vite e raggiungere il successo duraturo.

Attraverso la sua esperienza unica e la sua saggezza senza tempo, Jim Rohn ci insegna che il vero successo non è solo una questione di ricchezza materiale, ma piuttosto una questione di realizzazione personale, felicità e contributo al benessere degli altri.

Preparati a immergerti in un racconto coinvolgente e ispiratore, che ti porterà nel cuore e nella mente di uno dei più grandi mentori del nostro tempo. Con la guida di Jim

Rohn, scoprirai i segreti per creare una vita di successo,
significato e soddisfazione duratura.

Lasciati ispirare e motivare dalla vita straordinaria di Jim
Rohn mentre esploriamo insieme il suo impatto senza
tempo sul mondo del self-help e dello sviluppo personale.

2.1 Biografia di Jim Rohn

Benvenuti nel cuore della vita di Jim Rohn, un viaggio emozionante attraverso gli alti e bassi, le sfide e i trionfi di uno degli strateghi più acclamati nel mondo dello sviluppo personale.

Attraverso queste pagine, vi invitiamo a esplorare il cammino unico che ha portato Jim Rohn dall'oscurità della povertà alla luminosità del successo e della realizzazione personale.

L'infanzia di Jim Rohn è stata segnata da una serie di sfide e difficoltà che hanno contribuito a plasmare il suo carattere e la sua visione del mondo. Nato il 17 settembre 1930, in una famiglia contadina dell'Idaho, Jim ha trascorso i suoi primi anni in una realtà di povertà e semplicità.

Crescere in una fattoria in campagna significava affrontare le durezze della vita rurale, imparando presto il valore del lavoro duro, della disciplina e della resilienza.

Tuttavia, nonostante le circostanze avverse, Jim ha coltivato fin da giovane una curiosità innata per il successo e il significato della vita. Questa sete di conoscenza lo ha spinto a cercare risposte alle domande più profonde sulla felicità, il successo e il significato personale.

Leggendo libri e ascoltando i discorsi di autori rinomati come Napoleon Hill e Dale Carnegie, ha iniziato a plasmare la sua visione del mondo e a intravedere un futuro diverso per sé stesso.

L'opportunità di un cambiamento decisivo nella vita di Jim è arrivata quando ha incontrato Earl Shoaff, un uomo d'affari di successo e filosofo autodidatta. Shoaff è diventato il mentore di Jim, insegnandogli le basi del successo e ispirandolo a perseguire i suoi sogni con passione e determinazione.

Questo incontro è stato un momento di svolta fondamentale nella vita di Jim, aprendo la strada a una nuova prospettiva sulla vita e sul successo.

Guidato dalla guida e dall'ispirazione di Shoaff, Jim ha intrapreso un viaggio di crescita personale e professionale che lo ha portato a diventare uno dei più grandi autori e oratori di successo del suo tempo. Ha iniziato a condividere le sue esperienze e la sua saggezza con il mondo, ispirando milioni di persone a coltivare il loro potenziale latente e a perseguire i loro obiettivi con fiducia e determinazione.

Nonostante il successo raggiunto, la vita di Jim non è stata priva di sfide e difficoltà. Ha affrontato alti e bassi, fallimenti e trionfi, ma è sempre rimasto fedele alla sua visione e alla sua missione di aiutare gli altri a raggiungere il successo e la realizzazione personale.

La sua umiltà, la sua gentilezza e la sua capacità di comunicare concetti complessi in modo semplice e accessibile lo hanno reso un faro di ispirazione per generazioni di persone in tutto il mondo.

Attraverso la sua straordinaria carriera, Jim Rohn ha condiviso la sua saggezza e la sua esperienza con milioni di persone in tutto il mondo, trasformando vite e ispirando cambiamenti positivi attraverso i suoi insegnamenti e i suoi discorsi.

Con il suo carattere gentile, il suo umorismo contagioso e la sua saggezza senza tempo, Jim Rohn continua a essere un faro di ispirazione per milioni di persone in tutto il mondo, dimostrando che con determinazione, impegno e una visione chiara, è possibile trasformare ogni sfida in un'opportunità di crescita e successo.

2.2 Il Percorso Spirituale e Professionale

Il percorso spirituale e professionale di Jim Rohn è un racconto avvincente di crescita personale, scoperta di sé e successo duraturo. Attraverso una combinazione di impegno, saggezza e perseveranza, ha trasformato la sua vita da una giovinezza segnata dalla povertà e dalle difficoltà in una storia di trionfo e realizzazione personale.

Fin dai suoi primi anni, Jim Rohn ha dimostrato una determinazione straordinaria nel perseguire i suoi obiettivi e realizzare i suoi sogni. Ha riconosciuto che il vero successo non si ottiene solo attraverso l'accumulo di ricchezze materiali, ma attraverso lo sviluppo di una mente e uno spirito forti e resilienti. Questo approccio olistico al successo ha guidato ogni passo del suo percorso.

Il suo viaggio spirituale è stato caratterizzato da una continua ricerca di significato e scopo. Ha esplorato una varietà di tradizioni spirituali e filosofie, attingendo a insegnamenti antichi e moderni per arricchire la sua comprensione del mondo e della sua relazione con esso. Questa ricerca interiore lo ha guidato nella sua crescita

personale e nel suo sviluppo come individuo consapevole
e illuminato.

Dal punto di vista professionale, Jim Rohn ha affrontato
sfide e difficoltà, ma ha sempre mantenuto la sua visione
chiara e il suo impegno incrollabile verso il successo.
Attraverso l'apprendimento costante, la pratica diligente e
la ricerca della perfezione, ha sviluppato le competenze e
le capacità necessarie per eccellere nel suo campo.

Uno degli aspetti più distintivi del percorso di Jim Rohn è
stata la sua dedizione al servizio degli altri. Ha
riconosciuto che il vero significato del successo risiede
nell'aiutare gli altri a raggiungere i loro obiettivi e
realizzare il loro pieno potenziale. Ha condiviso
generosamente la sua saggezza, la sua esperienza e il suo
tempo con chiunque fosse desideroso di imparare e
crescere.

Attraverso una serie di libri, conferenze e seminari, Jim
Rohn ha ispirato milioni di persone in tutto il mondo a
perseguire il successo con passione e determinazione. Il
suo messaggio di speranza, fiducia e realizzazione
personale continua a essere una fonte di ispirazione per
generazioni di persone che cercano di vivere una vita
piena e significativa.

Il percorso spirituale e professionale di Jim Rohn è un testamento alla potenza della determinazione, della perseveranza e della fede in sé stessi nel superare le avversità e realizzare i propri sogni.

La sua storia ci ricorda che, con impegno e dedizione, è possibile trasformare le sfide in opportunità e raggiungere il successo duraturo in ogni ambito della vita.

2.3 Il suo impatto nel mondo del self-help

L'eredità di Jim Rohn nel mondo del self-help è senza dubbio profonda e duratura. Con il suo carisma magnetico, la sua saggezza senza tempo e la sua capacità di ispirare il cambiamento, ha lasciato un'impronta indelebile sulla vita di milioni di persone in tutto il mondo.

Attraverso i suoi libri, i suoi seminari e le sue registrazioni audio, Jim Rohn ha condiviso i suoi insegnamenti preziosi su come vivere una vita di successo, felicità e realizzazione personale. Le sue parole motivanti e i suoi consigli pratici hanno toccato il cuore e l'anima di coloro che cercavano di migliorare sé stessi e le loro vite.

Una delle sue maggiori contribuzioni al mondo del self-help è stata la sua enfasi sull'importanza della crescita personale continua. Ha insegnato che il successo non è un destino finale, ma piuttosto un viaggio di apprendimento e crescita costante. Questo messaggio ha ispirato molte persone a perseguire l'eccellenza in ogni aspetto della loro vita e a non accontentarsi della mediocrità.

Inoltre, Jim Rohn ha enfatizzato l'importanza di sviluppare una mentalità positiva e proattiva. Ha insegnato che il nostro atteggiamento mentale può influenzare profondamente il nostro destino e che possiamo scegliere di adottare una mentalità di successo in ogni situazione. Questo insegnamento ha cambiato il modo in cui molte persone affrontano le sfide e le opportunità nella loro vita quotidiana.

La sua filosofia dell'empowerment personale e della responsabilità individuale ha anche avuto un impatto significativo sul mondo del self-help. Ha insegnato che siamo responsabili delle nostre azioni, delle nostre scelte e del nostro destino, e che possiamo creare la vita che desideriamo attraverso la consapevolezza e l'azione deliberata.

Questo messaggio ha ispirato molte persone a prendere il controllo delle proprie vite e a perseguire i loro obiettivi con determinazione e fiducia.

L'eredità di Jim Rohn vive attraverso le migliaia di persone che ha influenzato direttamente e indirettamente nel corso degli anni. I suoi insegnamenti continuano a essere passati di generazione in generazione, ispirando milioni di persone a vivere una vita di significato, successo e realizzazione personale.

In conclusione, l'impatto che ha avuto nel mondo del self-help è immenso e tangibile. Le sue parole e il suo esempio continuano a motivare e guidare le persone in tutto il mondo verso una vita migliore e più appagante.

La sua eredità è un faro di speranza e ispirazione per tutti coloro che cercano di raggiungere il loro pieno potenziale e di realizzare i loro sogni più grandi.

Attraverso la sua biografia, abbiamo esplorato le tappe
fondamentali del suo percorso, dalla sua umile infanzia
alla sua ascesa come uno dei più influenti mentori del
mondo moderno. La sua storia è una testimonianza
vivente della potenza della determinazione, della saggezza
e della volontà di aiutare gli altri a raggiungere il
successo.

Dalle umili origini ai vertici del successo, Jim Rohn ha
dimostrato che il destino non è predeterminato, ma
plasmato dalle nostre azioni e dalle nostre scelte. Il suo
percorso spirituale e professionale ci insegna che la vita è
un viaggio di continua crescita e apprendimento, e che
ogni sfida è un'opportunità di trasformazione e
realizzazione personale.

Il suo impatto nel mondo del self-help è stato profondo e
duraturo, ispirando milioni di persone in tutto il mondo a
superare le loro limitazioni e a perseguire i propri sogni
con passione e determinazione. Attraverso le sue parole e
il suo esempio, ha condiviso un messaggio di speranza,
fiducia e autodeterminazione che continua a risuonare
nelle menti e nei cuori di coloro che cercano il successo e
il significato nella propria vita.

Jim Rohn rimarrà per sempre un faro di luce nel mondo
del self-help, una fonte di ispirazione e guida per tutti

coloro che cercano di realizzare il proprio potenziale e vivere una vita piena e significativa.

Il suo legato vive attraverso coloro che hanno abbracciato i suoi insegnamenti e che continuano a diffondere la sua saggezza, assicurando che il suo impatto positivo continui a brillare nel mondo per le generazioni a venire.

3. La Legge del Seme e del Raccolto

Benvenuti al cuore della filosofia di Jim Rohn: la Legge del Seme e del Raccolto. In questo capitolo, ci immergeremo nell'essenza di questa legge universale e scopriremo come applicarla con saggezza e consapevolezza nelle nostre vite.

La Legge del Seme e del Raccolto è una delle fondamenta su cui si basa il concetto di successo e realizzazione personale. È un principio che ci insegna che ciò che seminiamo nella nostra vita - che siano pensieri, azioni o relazioni - alla fine determinerà ciò che raccogliamo.

Attraverso una comprensione profonda di questa legge, possiamo imparare a coltivare un terreno fertile per il successo e il benessere, e a raccogliere i frutti di ciò che seminiamo.

Preparatevi a esplorare i segreti nascosti di questa legge universale e a scoprire come potete utilizzarla per trasformare la vostra vita e raggiungere nuove vette di successo e realizzazione.

3.1 Concetto e Fondamenti

Nel cuore della nostra esistenza giace un principio eterno: la Legge del Seme e del Raccolto.

Questo antico concetto, che risale alle civilizzazioni più antiche, continua a illuminare il cammino delle nostre vite anche oggi. È il principio secondo il quale ciò che seminiamo nella nostra realtà, raccoglieremo in futuro. È un'idea potente che ci ricorda che ogni pensiero, azione e parola ha il potenziale per germogliare e produrre frutti nella nostra vita.

Immaginatevi come seminatori in un vasto campo, con il potere di scegliere quali semi piantare. Ogni seme che gettiamo nel terreno della nostra esistenza ha il potenziale per crescere e prosperare.

Possiamo scegliere di piantare semi di amore, gratitudine, successo e abbondanza, o possiamo optare per semi di paura, negatività e limitazione. La scelta è nostra, e la Legge del Seme e del Raccolto assicura che ciò che seminiamo, raccoglieremo.

La Legge del Seme e del Raccolto è un principio fondamentale che riflette il concetto che ciò che mettiamo nell'universo, sotto forma di pensieri, parole e azioni, ritorna a noi con conseguenze corrispondenti. È una legge universale che si manifesta in molte tradizioni spirituali e culturali in tutto il mondo.

In sostanza, la Legge del Seme e del Raccolto ci insegna che ciò che seminiamo nella nostra vita, sia esso positivo o negativo, ciò che piantiamo, raccoglieremo.

Se seminiamo pensieri positivi, parole gentili e azioni altruiste, raccoglieremo frutti positivi come amore, gratitudine e successo. Al contrario, se nutriamo pensieri negativi, esprimiamo parole sprezzanti e agiamo in modi dannosi, raccoglieremo frutti indesiderati come stress, conflitti e insoddisfazione.

Questa legge ci spinge a prendere consapevolezza delle nostre energie mentali ed emotive e a usarle per coltivare un terreno fertile per il successo e il benessere. Ci incoraggia a essere responsabili delle nostre azioni e delle nostre parole, poiché ogni piccolo seme che piantiamo contribuisce alla trama della nostra vita futura.

La bellezza di questa legge risiede nella sua semplicità e nella sua universalità. Non discrimina tra persone o circostanze; si applica a tutti indipendentemente dalla razza, dal credo o dallo status sociale. È un potente richiamo alla consapevolezza e alla responsabilità personale, invitandoci a essere custodi dei nostri pensieri e delle nostre azioni.

Ci ricorda che siamo creatori della nostra realtà e che possiamo plasmare il nostro destino attraverso le nostre scelte quotidiane.

3.2 Come Funziona

Esploriamo ora meccanismo alla base della Legge del Seme e del Raccolto e come si manifesta nella nostra vita quotidiana.

Immagina la tua mente come un terreno fertile e i tuoi pensieri come semi. Ogni pensiero seminato nel tuo terreno mentale ha il potenziale per germogliare e crescere, influenzando direttamente la qualità della tua vita.

Quando coltivi pensieri positivi come gratitudine, fiducia e determinazione, stai piantando semi che porteranno frutti positivi nel tempo. Allo stesso modo, se permetti a pensieri negativi come paura, rabbia o dubbio di prendere radici nella tua mente, raccoglierai il frutto di tali semine sotto forma di stress, insoddisfazione e conflitti.

La chiave per comprendere la relazione tra semina e raccolto sta nel riconoscere il potere della consapevolezza e della scelta. Quando diventi consapevole dei tuoi pensieri e delle tue emozioni, hai il potere di influenzare la qualità del terreno mentale in cui crescono. Puoi scegliere deliberatamente di coltivare pensieri positivi e nutrire le emozioni che portano gioia e benessere nella tua vita.

Per comprendere appieno come funziona questa legge, è importante considerare che ogni azione che compiamo, ogni parola che diciamo e ogni pensiero che coltiviamo è come un seme che piantiamo nel terreno della nostra realtà. Se piantiamo semi di positività, di amore e di speranza, raccoglieremo frutti corrispondenti, come felicità, successo e realizzazione personale. Al contrario, se piantiamo semi di negatività, di paura e di mancanza, raccoglieremo frutti indesiderati, come delusioni, fallimenti e insoddisfazione.

La legge del seme e del raccolto non è solo una questione di azione diretta, ma anche di mentalità e di energia. Le nostre intenzioni e le nostre vibrazioni influenzano ciò che attiriamo nella nostra vita.

Se agiamo con fiducia, ottimismo e determinazione, creiamo un campo energetico positivo che attira esperienze e opportunità altrettanto positive. D'altra parte, se ci avvolgiamo in pensieri di dubbio, paura e mancanza, creiamo un campo energetico negativo che attira situazioni sfavorevoli.

Quindi, per utilizzare appieno la legge del seme e del raccolto a nostro vantaggio, dobbiamo essere consapevoli di ciò che stiamo seminando attraverso le nostre azioni, parole e pensieri.

Dobbiamo coltivare una mentalità positiva e proattiva, impegnarci a mantenere un atteggiamento di gratitudine e fiducia, e agire in modo coerente con i nostri obiettivi e valori più profondi. In questo modo, possiamo creare una realtà ricca di successo, felicità e abbondanza, raccogliendo i frutti di ciò che abbiamo diligentemente seminato.

Tuttavia, è importante ricordare che il processo di semina e raccolto non avviene sempre istantaneamente. Assimilare i risultati delle nostre azioni richiede tempo e costanza. Come un agricoltore paziente, dobbiamo continuare a seminare i semi del successo e della felicità con fiducia e perseveranza, anche quando i risultati non sono immediatamente evidenti.

Con il tempo, il nostro impegno costante ci porterà a raccogliere i frutti del nostro lavoro, sotto forma di realizzazioni, relazioni significative e un senso di realizzazione personale.

La Legge del Seme e del Raccolto ci ricorda che siamo i custodi del nostro destino e che le nostre azioni e i nostri pensieri hanno un impatto diretto sulla qualità della nostra vita.

Coltivare consapevolezza, scegliere con saggezza e perseverare con determinazione ci porterà verso il successo e la realizzazione personale.

3.3 Applicazioni Pratiche

In questo capitolo, esploreremo modi concreti per mettere in pratica la Legge del Seme e del Raccolto nelle nostre vite quotidiane. Questo non è solo un concetto teorico, ma una filosofia di vita che può trasformare radicalmente la nostra esperienza quotidiana, portandoci verso il successo e il benessere.

Una delle prime applicazioni pratiche della Legge del Seme e del Raccolto è diventare consapevoli dei nostri pensieri. Ogni giorno, siamo bombardati da migliaia di pensieri, molti dei quali possono essere automatici o inconsci.

Tuttavia, imparare a riconoscere e monitorare i nostri pensieri ci dà il potere di interrompere i cicli negativi e sostituirli con quelli positivi. Possiamo iniziare con piccoli passi, come praticare la gratitudine ogni mattina o esprimere apprezzamento per le persone che ci circondano.

Anche prendersi il tempo per riflettere sui propri obiettivi e visualizzare il successo può aiutare a seminare i semi del futuro desiderato.

Un'altra applicazione pratica è fare scelte consapevoli nelle nostre azioni quotidiane. Ogni azione che compiamo è come piantare un seme nel terreno della nostra vita. Possiamo scegliere di coltivare abitudini positive, come esercizio fisico regolare, alimentazione sana o pratica della meditazione, che ci aiutano a nutrire il nostro benessere fisico, mentale ed emotivo. Allo stesso modo, possiamo coltivare relazioni significative investendo tempo ed energia nelle persone che ci sono care, creando un terreno fertile per connessioni genuine e appaganti.

L'essenza della Legge del Seme e del Raccolto è comprendere il potere della responsabilità personale. Prendere consapevolmente il controllo dei nostri pensieri, azioni e risultati ci mette al comando della nostra vita.

Ciò significa anche accettare che ogni scelta che facciamo ha conseguenze, positive o negative, e assumerci la responsabilità di esse. Questa consapevolezza ci dà il potere di trasformare la nostra realtà e creare la vita che desideriamo veramente.

Ecco alcuni altri esempi pratici di come integrare la Legge del Seme e del Raccolto nella vita quotidiana:

Pratica della generosità: Seminare l'atto di dare senza aspettarsi nulla in cambio può portare a un raccolto di gratitudine, connessioni più profonde con gli altri e un senso di realizzazione personale.

Cura di sé stessi: Investire nella propria salute fisica, mentale ed emotiva è come piantare semi di benessere. Ad esempio, fare esercizio regolare, mangiare cibi nutrienti e dedicare del tempo alla meditazione o alla riflessione può portare a un raccolto di vitalità, chiarezza mentale e resilienza emotiva.

Coltivare relazioni positive: Nutrire relazioni positive con amici, familiari e colleghi può portare a un raccolto di sostegno, comprensione e amore reciproco. Prendersi il tempo per comunicare in modo autentico, ascoltare attivamente e offrire supporto può rafforzare i legami e arricchire la nostra vita sociale.

Apprendimento continuo: Investire nel proprio sviluppo personale e professionale è come piantare semi di crescita e successo. Leggere libri stimolanti, partecipare a corsi o seminari e cercare nuove esperienze può portare a un raccolto di conoscenza, competenze e opportunità di crescita.

Pratica della resilienza: Affrontare le sfide con coraggio e resilienza è come piantare semi di forza interiore e crescita personale. Imparare dalle difficoltà, adattarsi al cambiamento e trovare soluzioni creative può portare a un raccolto di fiducia in sé stessi, determinazione e successo duraturo.

Coltivare la gratitudine: Coltivare un atteggiamento di gratitudine per le benedizioni nella propria vita è come piantare semi di gioia e apprezzamento. Tenere un diario della gratitudine, esprimere gratitudine agli altri e riconoscere le piccole cose positive può portare a un raccolto di felicità, soddisfazione e benessere emotivo.

Integrando consapevolmente queste pratiche nella nostra routine quotidiana, possiamo creare un terreno fertile per una vita piena di significato, successo e soddisfazione.

Attraverso piccoli passi e azioni deliberate, possiamo coltivare un terreno fertile per il successo, la felicità e il benessere in ogni aspetto della nostra vita.

Nel capitolo sulla Legge del Seme e del Raccolto, abbiamo esplorato il potente concetto secondo cui ciò che seminiamo nella vita è ciò che raccoglieremo. Attraverso una comprensione più profonda di questa legge universale, abbiamo imparato che le nostre azioni, pensieri e atteggiamenti hanno un impatto significativo sulle nostre esperienze e risultati.

Abbiamo visto come seminare pensieri positivi, azioni proattive e relazioni significative possa condurre a un raccolto di successo, felicità e realizzazione. Abbiamo anche esaminato le applicazioni pratiche di questa legge, invitandoci a integrare consapevolmente principi come la generosità, la cura di sé, la resilienza e la gratitudine nella nostra vita quotidiana.

Ora, è importante ricordare che la Legge del Seme e del Raccolto non è una formula magica per la vita senza problemi, ma piuttosto un principio guida per creare una base solida per il nostro benessere e successo. È attraverso la consapevolezza, l'impegno e la coerenza nell'adozione di queste pratiche che possiamo massimizzare il nostro potenziale e creare la vita che desideriamo.

4. Seminare il Successo nella Vita

In questo capitolo, ci immergeremo nel processo di coltivare una vita di realizzazione, soddisfazione e significato. Esploreremo i vari modi in cui possiamo seminare i semi del successo attraverso pensieri, azioni e relazioni positive, trasformando così i nostri sogni in realtà tangibili.

Questo capitolo ci condurrà in un viaggio attraverso i principi fondamentali del successo, mostrandoci come possiamo piantare le fondamenta per un futuro luminoso e appagante. Scopriremo il potere della mentalità positiva, dell'azione proattiva e della connessione con gli altri, imparando come queste pratiche possano guidarci verso traguardi sempre più grandi e significativi.

Preparati a esplorare come puoi seminare i semi del successo nella tua vita quotidiana e a cogliere i frutti di un impegno costante, una determinazione incrollabile e una visione chiara del futuro desiderato. Che questo capitolo sia un invito a intraprendere un viaggio di trasformazione personale e a dare vita ai tuoi sogni più audaci.

4.1 Il Potere della Mentalità

Nel cammino verso il successo e il benessere personale, il potere della mentalità riveste un ruolo cruciale. La nostra mente è un potente strumento che può plasmare la nostra realtà in modi straordinari.

La mentalità non è solo una questione di atteggiamento o di prospettiva; influenza profondamente le nostre azioni, le nostre decisioni e, alla fine, il nostro destino.

Una mentalità positiva ci permette di vedere le sfide come opportunità di crescita e apprendimento. Ciò significa che invece di lasciarci sopraffare dal fallimento o dall'ostacolo, li affrontiamo con determinazione e resilienza. Invece di pensare in modo rigido e limitante, una mentalità positiva ci incoraggia a esplorare nuove idee, a essere flessibili e aperti al cambiamento.

Il potere della mentalità si manifesta anche nel modo in cui affrontiamo le relazioni interpersonali e le situazioni quotidiane. Una mentalità positiva ci rende più empatici, compassionevoli e disposti a collaborare con gli altri. Ci aiuta a vedere il meglio negli altri e a trattarli con rispetto e gentilezza.

Inoltre, la mentalità gioca un ruolo fondamentale nel modellare il nostro stato emotivo e il nostro benessere generale. Pensieri positivi generano emozioni positive, promuovendo la felicità, la soddisfazione e la fiducia in noi stessi. Al contrario, una mentalità negativa può alimentare ansia, stress e insicurezza, limitando così il nostro potenziale e le nostre opportunità.

Per coltivare una mentalità positiva, è importante essere consapevoli dei nostri pensieri e delle nostre parole. Dobbiamo allenarci a sostituire i pensieri limitanti con quelli costruttivi e ottimisti. La pratica della gratitudine, la visualizzazione degli obiettivi e le affermazioni positive sono solo alcuni degli strumenti che possiamo utilizzare per rafforzare la nostra mentalità positiva e raggiungere il successo e il benessere desiderati.

I pensieri positivi hanno il potere di plasmare la nostra realtà, influenzando il modo in cui affrontiamo le sfide e perseguiamo i nostri obiettivi.

Quando nutriamo la nostra mente con pensieri positivi, creiamo un ambiente mentale fertile in cui possono germogliare idee creative, motivazioni intraprendenti e soluzioni innovative.

Ma come possiamo coltivare una mentalità positiva?
Scopriremo insieme alcune strategie pratiche:

Pratica della gratitudine: Adottare una prospettiva di
gratitudine ci consente di apprezzare le benedizioni
presenti nella nostra vita, anche durante momenti difficili.
Riconoscere e ringraziare per le piccole gioie quotidiane
ci aiuta a mantenere una mentalità ottimista.

Visualizzazione: Immaginare vividamente i nostri
obiettivi già raggiunti ci aiuta a creare un'immagine
mentale chiara e concreta del futuro che desideriamo. La
visualizzazione ci motiva a perseguire i nostri sogni con
determinazione e fiducia.

Affermazioni positive: Ripetere affermazioni che
esprimono fiducia, autostima e successo può rafforzare la
nostra convinzione nelle nostre capacità e nell'inevitabilità
del nostro successo. Le affermazioni ci aiutano a superare
i dubbi e le paure che potrebbero ostacolarci lungo il
cammino.

Coltivare una mentalità positiva non significa ignorare le sfide o negare le difficoltà, ma piuttosto sviluppare la resilienza e la fiducia necessarie per affrontarle con coraggio e determinazione.

4.2 L'Importanza dell'Agire

Nel nostro viaggio verso il successo, i pensieri positivi sono solo il primo passo. Senza azione, rimangono solo sogni nel vuoto. In questo capitolo, esploreremo il potere delle azioni proattive e l'importanza di mettere in pratica ciò che desideriamo realizzare.

L'agire è il fulcro intorno al quale ruota il concetto di successo. Puoi avere le migliori intenzioni, i sogni più audaci e le idee più innovative, ma senza azione, rimarranno solo parole al vento. È l'azione che trasforma il potenziale in realtà, che converte le idee in risultati tangibili e che trasforma gli obiettivi in successi.

Una delle caratteristiche distintive delle persone di successo è la loro propensione all'azione. Non si limitano a sognare o a pianificare, ma passano all'azione con determinazione e risolutezza. Questo atteggiamento proattivo è ciò che li distingue dagli altri e li porta avanti nel loro percorso verso il successo.

Agire ci mette in movimento. Quando prendiamo azioni concrete verso i nostri obiettivi, ci avviciniamo sempre di più alla loro realizzazione. Ogni piccolo passo compiuto ci avvicina un po' di più alla nostra destinazione, aumentando la nostra fiducia e il nostro slancio lungo il percorso.

Inoltre, l'azione ci fornisce un feedback prezioso. Ogni azione che intraprendiamo ci offre un'opportunità di apprendimento. Possiamo imparare dai nostri successi, così come dai nostri fallimenti, e utilizzare queste esperienze per adattare e migliorare il nostro approccio mentre procediamo nel nostro cammino.

L'agire ci rende responsabili dei nostri risultati. Quando ci impegniamo attivamente nel perseguire i nostri obiettivi, ci assumiamo la responsabilità dei risultati che otteniamo. Questo ci conferisce un senso di controllo sulla nostra vita e ci motiva a continuare a muoverci avanti nonostante le sfide che possiamo incontrare lungo il cammino.

Infine, l'azione ispira gli altri. Quando vedono il nostro impegno e la nostra dedizione nel perseguire i nostri obiettivi, gli altri sono spinti ad agire a loro volta. Il nostro esempio può essere una fonte di ispirazione per coloro che ci circondano, incoraggiandoli a seguire i loro sogni e a lavorare duramente per realizzarli.

L'azione è quindi fondamentale per il successo in qualsiasi ambito della vita. Senza di essa, i nostri sogni rimarrebbero solo fantasie. Perciò, sii proattivo, sii determinato e agisci con fermezza verso i tuoi obiettivi. Sono le tue azioni che plasmeranno il tuo destino e ti porteranno verso il successo che meriti.

Le azioni proattive sono il motore che trasforma i nostri pensieri e le nostre idee in realtà tangibili. È attraverso le nostre azioni che dimostriamo il nostro impegno e la nostra determinazione nel perseguire i nostri obiettivi.

Ecco alcuni modi in cui possiamo seminare azioni proattive nella nostra vita:

Pianificazione: Un piano d'azione ben definito ci fornisce una mappa chiara del percorso da seguire per raggiungere i nostri obiettivi. Suddividere i nostri obiettivi in piccoli passi praticabili ci aiuta a mantenere il focus e a mantenere un progresso costante.

Assunzione di responsabilità: Prendere la responsabilità delle nostre azioni e delle conseguenze che ne derivano è fondamentale per il nostro successo. Quando ci assumiamo la responsabilità delle nostre scelte, ci conferiamo il potere di influenzare positivamente il nostro destino.

Persistenza: La strada verso il successo è spesso costellata di ostacoli e sfide. Tuttavia, è la nostra capacità di perseverare nonostante le difficoltà che determina il nostro successo finale. La persistenza ci consente di superare le avversità e di continuare a muoverci verso i nostri obiettivi nonostante gli ostacoli.

Apprendimento continuo: Essere disposti a imparare e ad adattarsi alle circostanze mutevoli è essenziale per il successo a lungo termine. Mantenere una mentalità aperta e flessibile ci consente di cogliere nuove opportunità e di affrontare nuove sfide con fiducia e creatività.

Seminare azioni proattive nella nostra vita richiede impegno, disciplina e determinazione. Tuttavia, è attraverso queste azioni che possiamo trasformare i nostri sogni in realtà e realizzare il nostro pieno potenziale.

4.3 La Forza delle Connessioni

Le relazioni significative sono la linfa vitale del successo e del benessere nella vita. Ogni grande successo è costruito su una rete di connessioni umane, su relazioni sincere e reciproche che ci sostengono, ci ispirano e ci incoraggiano lungo il cammino.

La forza delle connessioni risiede nella capacità di arricchire la nostra vita in molti modi. Le relazioni significative ci offrono sostegno emotivo e psicologico quando ne abbiamo bisogno. Sono un rifugio in cui possiamo trovare conforto, comprensione e accettazione senza giudizio.

Le persone con cui condividiamo relazioni significative ci sostengono nei momenti di difficoltà e ci incoraggiano nei momenti di dubbio, aiutandoci a superare gli ostacoli e a mantenere alta la nostra fiducia.

Inoltre, le relazioni significative ci offrono opportunità di crescita e sviluppo personale. Attraverso le interazioni con gli altri, impariamo a comprendere meglio noi stessi, a sviluppare le nostre abilità sociali e a migliorare la nostra capacità di comunicazione. Le relazioni ci sfidano a diventare la migliore versione di noi stessi, ci spingono a superare i nostri limiti e a perseguire i nostri obiettivi con maggiore determinazione.

Le relazioni significative ci offrono anche opportunità di collaborazione e sinergia. Quando ci connettiamo con gli altri in modo autentico e profondo, creiamo spazi in cui possono emergere idee innovative, soluzioni creative e progetti condivisi.

Insieme, possiamo affrontare sfide più grandi di quanto potremmo fare da soli e raggiungere risultati che altrimenti sarebbero al di là delle nostre capacità individuali.

Esse arricchiscono la nostra vita con gioia, felicità e significato. I momenti condivisi con coloro che amiamo e rispettiamo sono tra i più preziosi che possiamo sperimentare.

Sono fonte di gioia, di risate e di ricordi indelebili che arricchiscono la nostra esistenza e ci danno un senso di appartenenza e di connessione con il mondo che ci circonda.

Ecco alcuni altri esempi di come le relazioni significative possano influenzare positivamente la nostra vita:

Supporto nelle sfide personali: Quando affrontiamo momenti difficili come la perdita di una persona cara, una malattia o una crisi personale, le relazioni significative ci offrono un sostegno emotivo prezioso. La presenza e il conforto di amici e familiari possono aiutarci a superare tali sfide con coraggio e resilienza.

Opportunità di apprendimento e crescita: Le persone che ammiriamo e rispettiamo possono diventare mentori e guide preziose nel nostro percorso di apprendimento e crescita personale. Attraverso conversazioni significative e condivisione di esperienze, possiamo imparare nuove prospettive, acquisire conoscenze e sviluppare abilità che ci aiutano a progredire nella vita.

Collaborazione nel lavoro e nei progetti creativi: Le relazioni significative sul luogo di lavoro o in progetti creativi ci permettono di lavorare insieme in modo armonioso e produttivo. La fiducia reciproca, la comunicazione aperta e la condivisione delle responsabilità creano un ambiente collaborativo in cui le idee possono fluire liberamente e la creatività può fiorire.

Momenti di gioia e celebrazione: Le relazioni significative aggiungono gioia e divertimento alla nostra vita attraverso momenti di celebrazione e festa. Che si tratti di una cena con amici, una vacanza in famiglia o un evento speciale, queste esperienze collettive ci riempiono di gioia e ci permettono di condividere momenti felici con coloro che amiamo.

Sostegno nel perseguire i nostri sogni: Quando abbiamo un obiettivo o un sogno da realizzare, le relazioni significative possono fungere da motivatori e sostenitori. L'incoraggiamento e il sostegno dei nostri cari ci danno la forza e la determinazione necessarie per perseguire i nostri obiettivi con impegno e dedizione.

Questi sono solo alcuni esempi delle molteplici modalità in cui le relazioni significative possono arricchire la nostra vita e contribuire al nostro successo e al nostro benessere complessivi. Investire tempo e cura nelle nostre connessioni con gli altri è un investimento prezioso che ci porterà grandi ricompense nel corso della vita.

Coltivare relazioni significative è quindi essenziale per il successo e il benessere nella vita. Investire tempo ed energia nelle relazioni ci ripagherà con un supporto prezioso, opportunità di crescita, collaborazione sinergica e una vita arricchita da amore, gioia e significato.

Sii aperto e autentico nelle tue interazioni con gli altri, e le connessioni che crei ti porteranno verso livelli di successo e realizzazione che non avresti mai immaginato possibile.

In questo capitolo, abbiamo esplorato il potere dei pensieri positivi, dell'azione proattiva e delle relazioni significative nel plasmare il nostro percorso verso il successo e il benessere.

Abbiamo compreso come la nostra mentalità e le nostre azioni possano influenzare direttamente i risultati che otteniamo nella vita, e come le relazioni significative possano essere una fonte di ispirazione, sostegno e gioia lungo il nostro cammino.

Abbiamo imparato che nutrire pensieri positivi ci consente di vedere opportunità dove altri vedono solo ostacoli, mentre agire in modo proattivo ci permette di trasformare le nostre aspirazioni in realtà concrete. Inoltre, abbiamo riconosciuto il valore delle connessioni umane autentiche e profonde, che ci sostengono nei momenti difficili e ci arricchiscono nei momenti di gioia.

Ricordiamoci sempre che il successo non è solo una meta da raggiungere, ma un viaggio da percorrere ogni giorno con impegno, determinazione e gratitudine.

Continuiamo a coltivare pensieri positivi, ad agire con determinazione e a nutrire relazioni significative, sapendo

che ogni passo che compiamo ci avvicina sempre di più
alla realizzazione dei nostri sogni e al raggiungimento del
nostro pieno potenziale.

5. Coltivare il Raccolto

Nel capitolo "Coltivare il Raccolto", ci immergeremo nel processo di crescita personale e nell'importanza di nutrire e proteggere i semi del successo che abbiamo piantato nelle fasi precedenti.

Questo capitolo ci guiderà attraverso il cammino della trasformazione, fornendoci gli strumenti e le prospettive necessarie per affrontare le sfide, celebrare i successi e continuare a progredire lungo il nostro percorso verso il successo e il benessere.

Prepariamoci a scoprire il potenziale illimitato che risiede dentro di noi e a raccogliere i frutti del nostro impegno e della nostra dedizione.

5.1 Nutrire i Semi del Successo

Il processo di crescita personale è un viaggio continuo di auto-esplorazione, apprendimento e miglioramento costante. È un percorso che richiede impegno, disciplina e una fervida passione per il proprio sviluppo. In questo capitolo, esploreremo come nutrire i semi del successo che abbiamo piantato attraverso le nostre azioni, pensieri e relazioni.

La prima fase di questo processo coinvolge la consapevolezza di sé e il riconoscimento delle proprie potenzialità. È fondamentale comprendere i nostri punti di forza e di debolezza, così da poter sviluppare un piano d'azione mirato e realistico. Attraverso l'auto-riflessione e la valutazione obiettiva delle nostre abilità, possiamo identificare le aree in cui desideriamo crescere e migliorare.

Una volta identificate le nostre aree di crescita, è essenziale impegnarsi attivamente nel processo di apprendimento. Ciò può significare leggere libri stimolanti, frequentare corsi di formazione, o cercare mentori che possano guidarci lungo il cammino. L'importante è rimanere aperti al cambiamento e disposti a mettere in discussione le nostre convinzioni e abitudini per favorire una crescita autentica e significativa.

Oltre all'apprendimento personale, è cruciale anche coltivare relazioni significative e di supporto. Le persone con cui ci circondiamo hanno un impatto significativo sul nostro sviluppo e sul nostro successo.

Cerchiamo di stabilire connessioni autentiche con individui che ci ispirano e ci incoraggiano a dare il meglio di noi stessi. Inoltre, cerchiamo di essere noi stessi fonte di ispirazione e di sostegno per gli altri, contribuendo così alla crescita reciproca e al benessere collettivo.

Ci saranno inevitabilmente sfide lungo il cammino, ma è proprio attraverso la perseveranza e la resilienza che possiamo superarle e crescere più forti di prima. Manteniamo viva la nostra visione del successo e continuiamo a nutrire i nostri sogni e aspirazioni con dedizione e determinazione.

Nutrire i semi del successo significa prendersi cura delle fondamenta su cui costruire una vita significativa e gratificante. Questo processo richiede un impegno costante verso lo sviluppo personale e professionale, attraverso una serie di azioni e comportamenti che favoriscono la crescita e il progresso.

Vediamo più nel dettaglio cosa implica nutrire i semi del successo:

Coltivare una mentalità positiva: La prima pietra angolare per nutrire i semi del successo è coltivare una mentalità positiva. Questo significa adottare un atteggiamento ottimista verso la vita, affrontando le sfide con determinazione e vedendo le difficoltà come opportunità di crescita. Una mentalità positiva ci permette di affrontare le sfide con resilienza e di mantenere alta la motivazione anche nei momenti difficili.

Investire nell'apprendimento continuo: Nutrire i semi del successo implica anche un impegno costante nell'apprendimento e nello sviluppo personale. Ciò può includere la lettura di libri stimolanti, l'iscrizione a corsi online o offline, la partecipazione a seminari e conferenze, e il cercare mentori che possano guidarci lungo il cammino. L'apprendimento continuo ci aiuta a sviluppare nuove competenze, a esplorare nuove prospettive e a crescere come individui.

Coltivare relazioni significative: Le relazioni umane sono fondamentali per il nostro benessere e per il nostro successo. Nutrire i semi del successo significa costruire e coltivare relazioni autentiche e significative con gli altri. Queste relazioni ci forniscono supporto emotivo, ispirazione e opportunità di crescita personale e professionale. Cerchiamo di stabilire connessioni sincere con persone che ci incoraggiano, ci motivano e ci sostengono nei momenti di difficoltà.

Essere proattivi nell'azione: Nutrire i semi del successo implica anche agire in modo proattivo per raggiungere i nostri obiettivi. Ciò significa prendere iniziative concrete e impegnarci attivamente nel perseguimento dei nostri sogni e aspirazioni. Sviluppiamo un piano d'azione chiaro e realistico e prendiamo passi concreti verso il suo raggiungimento. L'azione determinata e persistente è fondamentale per tradurre i nostri obiettivi in realtà.

Coltivare la resilienza e la perseveranza: Infine, nutrire i semi del successo richiede una forte dose di resilienza e perseveranza. Lungo il cammino incontreremo inevitabilmente ostacoli e sfide, ma è proprio attraverso la resilienza e la perseveranza che riusciremo a superarli. Rimaniamo flessibili nell'affrontare le avversità, imparando dagli errori e adattandoci alle circostanze mutevoli. Manteniamo viva la nostra determinazione e continuiamo a spingere avanti anche quando le cose si fanno difficili.

In conclusione, nutrire i semi del successo è un impegno costante verso la nostra crescita e il nostro sviluppo.

Richiede pazienza, impegno e dedizione, ma i frutti di
questo lavoro sono inestimabili.

Con una mentalità positiva, un impegno
nell'apprendimento continuo, relazioni significative,
azioni proattive e una buona dose di resilienza, possiamo
coltivare il terreno fertile per il nostro successo e
realizzare i nostri sogni più audaci.

5.2 Affrontare le Tempeste del Percorso

Affrontare le tempeste del percorso è un'esperienza che tutti affrontiamo nel corso della vita. Le tempeste possono assumere molte forme: possono essere sfide personali, come perdite, fallimenti o momenti di difficoltà emotiva, o possono essere sfide esterne, come cambiamenti improvvisi, problemi finanziari o conflitti interpersonali. Indipendentemente dalla loro natura, le tempeste ci mettono alla prova in modi che spesso ci mettono a dura prova.

In queste tempeste, ci troviamo spesso di fronte a una gamma di emozioni intense: paura, ansia, frustrazione, tristezza.

È come se fossimo nel bel mezzo di un'immensa tempesta, con onde giganteesche che ci travolgono da tutte le direzioni. In questi momenti, può sembrare impossibile vedere una via d'uscita o immaginare un futuro migliore. Ma anche in mezzo alla più oscura delle tempeste, c'è sempre una luce che brilla, anche se debole.

Per affrontare queste tempeste, dobbiamo prima trovare un modo per mantenere la calma. È facile lasciarsi travolgere dalle emozioni e dalla confusione, ma dobbiamo trovare il modo di rimanere centrati e lucidi. La meditazione, la respirazione profonda o anche una passeggiata all'aria aperta possono aiutarci a trovare un momento di pace e chiarezza in mezzo al caos.

Una volta che siamo in grado di mantenere la calma, possiamo iniziare a valutare la situazione in modo obiettivo. Cosa sta causando la tempesta? Quali risorse abbiamo a disposizione per affrontarla? Quali azioni possiamo intraprendere per navigare in modo sicuro attraverso la tempesta? Queste sono domande importanti che dobbiamo porci mentre cerchiamo di comprendere la nostra situazione e pianificare il nostro prossimo passo.

È anche importante ricordare che le tempeste non durano per sempre. Anche se può sembrare che la tempesta non finirà mai, ogni tempesta alla fine si placherà e il cielo si schiarirà. Mentre attraversiamo la tempesta, dobbiamo rimanere fiduciosi che alla fine le cose miglioreranno e che ne usciremo più forti e più saggi di prima.

Infine, dobbiamo cercare supporto nelle persone che ci sono vicine. Parliamo delle nostre preoccupazioni e delle nostre paure con amici, familiari o professionisti della salute mentale. Condividere il nostro peso con gli altri può alleggerire il carico e ci può dare la forza e la speranza di affrontare le sfide che ci attendono.

Affrontare le sfide è parte integrante del viaggio verso il successo. Inevitabilmente, lungo il percorso incontreremo ostacoli, difficoltà e momenti di crisi che metteranno alla prova la nostra determinazione, la nostra resilienza e la nostra capacità di adattamento. Tuttavia, è proprio durante queste tempeste che abbiamo l'opportunità di dimostrare il nostro vero potenziale e di crescere come individui.

Ecco alcuni punti chiave su come superare le sfide e affrontare le tempeste del percorso:

Accettare la realtà delle sfide: Il primo passo per superare le sfide è accettare la realtà della situazione. Spesso tendiamo a negare o minimizzare le difficoltà che incontriamo, ma è importante essere onesti con noi stessi riguardo alle sfide che stiamo affrontando. Accettare la realtà delle sfide ci permette di concentrare le nostre energie sulla ricerca di soluzioni efficaci.

Mantenere la calma e la chiarezza mentale: Di fronte alle sfide, è fondamentale mantenere la calma e la chiarezza mentale. Le tempeste possono farci sentire sopraffatti e confusi, ma è importante non lasciare che le emozioni negative prendano il sopravvento. Cerchiamo di mantenere la calma e di pensare in modo razionale, valutando la situazione in modo obiettivo e identificando le migliori strategie per affrontarla.

Sfruttare la resilienza e la determinazione: La resilienza è la capacità di adattarsi e riprendersi dalle avversità, mentre la determinazione è la volontà di perseverare nonostante le difficoltà. Sfruttiamo queste qualità preziose per superare le sfide che incontriamo lungo il percorso. Rimettiamoci in piedi ogni volta che cadiamo e continuiamo a spingere avanti con determinazione, sapendo che ogni sfida superata ci rende più forti e più saggi.

Cercare supporto e ispirazione: Non dobbiamo affrontare le sfide da soli. Cerchiamo supporto e ispirazione nelle persone che ci circondano, che siano amici, familiari, colleghi o mentori. Condividiamo le nostre preoccupazioni e le nostre sfide con coloro che ci sono vicini e cerchiamo il loro sostegno emotivo e pratico. Le parole di incoraggiamento e l'esperienza degli altri possono darci la forza e la determinazione necessarie per superare le difficoltà.

Imparare dalle sfide: Ogni sfida che affrontiamo contiene una lezione preziosa. Cerchiamo di imparare dalle sfide che incontriamo lungo il percorso, identificando i nostri errori e le nostre debolezze e utilizzandoli come opportunità di crescita e apprendimento. Ogni difficoltà superata ci rende più resilienti e ci prepara per affrontare sfide future con maggiore fiducia e determinazione.

Affrontare le sfide è un elemento fondamentale del nostro percorso verso il successo e il benessere personale.

Nonostante le tempeste che incontriamo lungo il cammino, possiamo superare qualsiasi difficoltà con resilienza, determinazione e il sostegno delle persone che ci circondano.

Ogni sfida superata ci rende più forti, più saggi e più preparati per affrontare le sfide future con fiducia e determinazione.

5.3 Raccogliere i Frutti del Lavoro

Raccogliere i frutti del lavoro è un momento di gioia e gratitudine che tutti dovremmo prendere il tempo di celebrare. Dopo aver seminato i semi del successo e aver attraversato le tempeste del percorso, arrivare alla fase in cui possiamo raccogliere i frutti del nostro duro lavoro è una tappa fondamentale del nostro viaggio.

Celebrare i successi non significa solo festeggiare i traguardi raggiunti, ma anche riconoscere il nostro impegno, la nostra resilienza e la nostra determinazione nel perseguire i nostri obiettivi. Ogni piccolo successo, anche se apparentemente insignificante, merita di essere celebrato, perché ogni passo avanti ci avvicina sempre di più alla realizzazione dei nostri sogni.

Una delle migliori cose da fare quando si celebra un successo è riconoscere e ringraziare coloro che ci hanno sostenuto lungo il percorso. Nessuno raggiunge il successo da solo, e dietro ogni traguardo ci sono persone che ci hanno supportato, incoraggiato e ispirato lungo il cammino. Esprimere gratitudine verso di loro non solo rafforza i nostri legami con gli altri, ma ci aiuta anche a mantenere un atteggiamento di umiltà e riconoscenza.

Inoltre, celebrare i successi ci dà l'opportunità di riflettere sul nostro percorso e riconnetterci con il nostro senso di scopo e realizzazione. Ciò ci consente di rinnovare il nostro impegno verso i nostri obiettivi e di mantenere viva la nostra motivazione mentre continuiamo a progredire lungo il nostro cammino.

Ogni successo è un'opportunità per gioire, divertirsi e condividere momenti speciali con coloro che ci sono vicini.

Ecco alcuni altri esempi di come raccogliere i frutti del lavoro:

Esprimere gratitudine: Scrivere delle lettere di ringraziamento o inviare dei piccoli regali alle persone che ci hanno sostenuto lungo il percorso può essere un modo significativo per mostrare la nostra gratitudine e riconoscenza.

Organizzare un evento di celebrazione: Creare un evento speciale, come una cena o una festa, per

festeggiare il raggiungimento di un obiettivo importante
con amici, familiari e colleghi.

Tenere un diario dei successi: Mantenere un diario in cui
annotare i nostri successi e le nostre realizzazioni può
aiutarci a tenere traccia del nostro progresso nel tempo e a
riconoscere il valore del nostro lavoro.

Condividere la nostra storia: Parlare pubblicamente del
nostro successo può ispirare gli altri e incoraggiarli a
perseguire i propri obiettivi. Possiamo farlo attraverso
blog, social media, interviste o partecipando a eventi di
networking.

Premiarsi: Concedersi un premio o una ricompensa
personale per celebrare il raggiungimento di un traguardo
importante può essere un modo gratificante per
riconoscere il proprio successo e ricaricare le energie per i
prossimi obiettivi.

Condividere conoscenza: Organizzare una presentazione,
un workshop o un webinar per condividere le nostre
conoscenze e le nostre esperienze con gli altri può essere
un modo gratificante per contribuire alla crescita e allo
sviluppo della comunità.

Creare un rituale di celebrazione: Creare un rituale personale di celebrazione, come accendere una candela, meditare o fare una passeggiata riflessiva, può aiutarci a connetterci con il nostro successo in modo significativo e intimo.

Fare volontariato: Dedicare del tempo a fare volontariato per cause o organizzazioni che ci stanno a cuore può essere un modo gratificante per condividere il nostro successo con gli altri e contribuire positivamente alla comunità.

Ricordare i momenti difficili: Riflettere sui momenti difficili che abbiamo superato per raggiungere il successo può essere un modo potente per apprezzare appieno i nostri risultati e rafforzare la nostra determinazione per affrontare le sfide future.

Fare una pausa di gratitudine: Dedichiamo del tempo ogni giorno a riflettere su ciò per cui siamo grati e su tutti i successi che abbiamo ottenuto, anche quelli più piccoli. Questo può aiutarci a mantenere un atteggiamento positivo e ottimista mentre continuiamo il nostro viaggio verso il successo.

In conclusione, celebrare i successi è un aspetto essenziale del nostro viaggio verso il successo e il benessere personale.

Ci aiuta a riconnetterci con il nostro senso di gratitudine, a rinnovare il nostro impegno verso i nostri obiettivi e a godere appieno dei frutti del nostro duro lavoro.

In questo capitolo abbiamo esplorato il significato profondo di nutrire i semi del successo e affrontare le sfide lungo il percorso. Abbiamo imparato che il successo non è solo una destinazione, ma piuttosto un viaggio continuo di crescita personale e professionale. Celebrare i successi e riconoscere il lavoro svolto è fondamentale per mantenere alta la motivazione e l'entusiasmo mentre perseguimmo i nostri obiettivi.

Ogni passo avanti, anche il più piccolo, è un motivo di gioia e gratitudine. È importante ricordare che il successo non arriva da solo, ma è il risultato di duro lavoro, determinazione e resilienza. Raccogliere i frutti del nostro impegno ci ricorda il valore del nostro lavoro e ci incoraggia a continuare a coltivare il nostro giardino del successo con passione e dedizione.

Abbiamo imparato che ogni successo, grande o piccolo, ci avvicina un passo in più alla realizzazione dei nostri sogni e al raggiungimento delle nostre mete. Manteniamo viva la fiamma della determinazione e continuiamo a coltivare il nostro raccolto con fiducia e gratitudine, sapendo che il meglio è ancora da venire.

6. Trasformare la Tua Realtà

Nel capitolo "Trasformare la Tua Realtà", ci immergeremo nel potere di plasmare la nostra vita secondo i nostri desideri e obiettivi.

Esploreremo le dinamiche che guidano il cambiamento personale e come possiamo influenzare attivamente la nostra realtà attraverso le nostre azioni, pensieri e atteggiamenti.

Questo capitolo ci condurrà in un viaggio di auto-riflessione, ispirazione e azione, incoraggiandoci a trasformare le sfide in opportunità e ad abbracciare il nostro potenziale per creare una vita ricca di significato e successo.

6.1 Piantare i Semi del Futuro Desiderato

La visione e gli obiettivi sono come semi che piantiamo nel terreno fertile della nostra mente, destinati a germogliare e a dare vita al futuro che desideriamo.

Partiamo dal concetto fondamentale della visione, che rappresenta la bussola della nostra esistenza. La visione è la nostra immagine mentale di ciò che vogliamo realizzare nella vita, una rappresentazione vivida e dettagliata del nostro futuro desiderato. È il motore che ci spinge ad agire, il faro che illumina il cammino anche nei momenti bui.

Attraverso esercizi pratici e riflessioni profonde, esploreremo come definire una visione chiara e coinvolgente che rispecchi i nostri valori più profondi e le nostre aspirazioni più autentiche.

Una volta delineata la visione, passiamo agli obiettivi. Gli obiettivi trasformano la nostra visione in azione, suddividendo il cammino verso il successo in tappe concrete e realizzabili. Impareremo a stabilire obiettivi

SMART (Specifici, Misurabili, Attuabili, Realistici e Temporizzati), che ci aiutano a mantenere la direzione e a valutare i progressi lungo il percorso. Esploreremo anche l'importanza di fissare obiettivi sfidanti ma realistici, in grado di spingerci al di là dei nostri limiti attuali e di alimentare la nostra crescita personale.

Ecco alcuni ulteriori esempi che illustrano come piantare i semi del futuro desiderato attraverso la visione e gli obiettivi:

Visione nel settore professionale: Immagina di essere un giovane professionista che sogna di diventare un imprenditore di successo. La tua visione potrebbe includere l'avvio di una startup innovativa nel settore della tecnologia che risolve un problema significativo per la società. Gli obiettivi potrebbero includere l'acquisizione di competenze imprenditoriali, la ricerca di finanziamenti, lo sviluppo del prodotto e il lancio sul mercato. Visualizzando il successo della tua startup e stabilendo obiettivi chiari per ogni fase del processo, stai piantando i semi per trasformare il tuo sogno imprenditoriale in realtà.

Visione nel campo della salute e del benessere: Immagina di desiderare una vita più sana e equilibrata. La tua visione potrebbe includere una routine di esercizio regolare, una dieta nutriente e il mantenimento di un equilibrio tra lavoro e vita personale. Gli obiettivi potrebbero includere l'iscrizione in una palestra, la pianificazione dei pasti settimanali e il dedicare del tempo ogni giorno al relax e alla meditazione. Visualizzando te stesso in uno stato di salute ottimale e stabilendo obiettivi specifici per migliorare la tua salute fisica e mentale, stai piantando i semi per creare un futuro di benessere e vitalità.

Visione nelle relazioni personali: Immagina di desiderare relazioni più significative e soddisfacenti nella tua vita. La tua visione potrebbe includere relazioni basate sull'empatia, la comunicazione aperta e il sostegno reciproco. Gli obiettivi potrebbero includere il miglioramento delle tue abilità comunicative, il coinvolgimento in attività sociali che ti interessano e il fare uno sforzo per stabilire connessioni più profonde con le persone intorno a te. Visualizzando relazioni soddisfacenti e autentiche e stabilendo obiettivi per coltivare tali legami, stai piantando i semi per creare un futuro ricco di connessioni umane significative.

Questi esempi illustrano come la visione e gli obiettivi possono essere applicati in diversi ambiti della vita, consentendoti di piantare i semi del futuro desiderato e di lavorare costantemente verso il suo raggiungimento.

6.2 Innaffiare e Curare i Semi

In questo capitolo, ci immergiamo nell'importanza dell'autodisciplina e della consistenza nel processo di coltivazione dei semi del successo.

Ecco alcuni punti chiave su cui ci concentreremo:

1. Autodisciplina come fondamento del successo:
L'autodisciplina è la capacità di fare ciò che è necessario, anche quando non si ha voglia di farlo. È la forza d'animo che ci permette di rimanere concentrati sui nostri obiettivi a lungo termine, anche di fronte alle tentazioni o alle difficoltà.

Nei momenti in cui il desiderio di ottenere risultati immediati è forte, l'autodisciplina ci guida a resistere alla gratificazione istantanea e a perseverare nei nostri sforzi.

2. Creazione di abitudini positive: La consistenza nell'azione è fondamentale per trasformare i nostri sogni in realtà. Questo significa impegnarsi a compiere piccoli passi verso i nostri obiettivi ogni giorno, anche quando le sfide sembrano insormontabili.

Creare abitudini positive, come ad esempio pianificare il nostro tempo, seguire una routine giornaliera e evitare le distrazioni, ci aiuta a mantenere la rotta verso il successo nonostante gli ostacoli lungo il cammino.

3. L'importanza del ritmo e della costanza: Così come le piante hanno bisogno di acqua costante e regolare per crescere, anche noi dobbiamo fornire un'attenzione costante e diligente ai nostri obiettivi. Anche quando i risultati non sono immediati, è cruciale mantenere il ritmo e non scoraggiarsi.

La costanza nel nostro impegno è ciò che ci permette di superare gli alti e bassi emotivi e di continuare a muoverci avanti con determinazione.

4. Coltivare la pazienza e la fiducia nel processo: L'autodisciplina e la consistenza richiedono pazienza e fiducia nel processo. Spesso, i risultati non arrivano istantaneamente e ciò può essere frustrante.

Tuttavia, comprendere che il successo è un viaggio e non una destinazione ci aiuta a mantenere una prospettiva a lungo termine e a perseverare nonostante le sfide. Celebrare i piccoli progressi lungo il percorso ci aiuta a mantenere alta la motivazione e la fiducia nel nostro potenziale.

In definitiva, l'autodisciplina e la consistenza sono le chiavi per innaffiare e curare i semi del successo. Con impegno costante, pazienza e fiducia nel processo, possiamo garantire che i nostri sogni fioriscano e portino frutti abbondanti nel tempo.

L'autodisciplina e la consistenza sono due concetti fondamentali nel raggiungimento del successo in qualsiasi ambito della vita.

Ecco un approfondimento su entrambi:

AUTODISCIPLINA

L'autodisciplina è la capacità di controllare i propri impulsi, desideri e comportamenti al fine di raggiungere obiettivi a lungo termine. Si tratta di una caratteristica chiave delle persone di successo, poiché consente loro di resistere alle tentazioni immediate e di rimanere concentrate sulle azioni che li avvicinano ai loro obiettivi.

Una persona autodisciplinata ha la capacità di:

Rimanere focalizzata: L'autodisciplina aiuta a mantenere la concentrazione sulle attività importanti, anche quando ci sono distrazioni o tentazioni che potrebbero deviare l'attenzione.

Prendere decisioni ponderate: Chi è autodisciplinato è in grado di prendere decisioni basate sugli obiettivi a lungo termine anziché sulle emozioni del momento.

Resistere alle tentazioni: L'autodisciplina consente di evitare comportamenti dannosi o di scarso valore che potrebbero ostacolare il progresso verso gli obiettivi.

Mantenere l'impegno: Le persone autodisciplinate sono determinate e persistenti nel perseguire i propri obiettivi, anche quando il percorso diventa difficile.

CONSISTENZA

La consistenza è la pratica di compiere azioni ripetute nel tempo con l'obiettivo di raggiungere un risultato desiderato. È la costante applicazione degli sforzi nel perseguire un obiettivo, giorno dopo giorno, nonostante gli alti e bassi e le sfide lungo il percorso.

La consistenza implica:

Compimento regolare delle azioni: Essere costanti significa fare progressi costanti verso gli obiettivi, senza interruzioni o rallentamenti significativi.

Rispettare una routine: Mantenere una routine quotidiana o settimanale può aiutare a mantenere la coerenza nell'azione e a garantire che vengano compiuti i passi necessari verso il successo.

Avere un impegno a lungo termine: La consistenza richiede un impegno a lungo termine verso gli obiettivi, anche quando i risultati non sono immediati e il percorso è difficile.

Adattamento e flessibilità: Pur mantenendo la coerenza nell'azione, è importante essere flessibili e adattabili nel modificare le strategie o le tattiche quando necessario per superare gli ostacoli e adattarsi ai cambiamenti circostanti.

In definitiva, l'autodisciplina e la consistenza lavorano insieme per creare un solido fondamento per il successo. La capacità di controllare i propri comportamenti e di mantenere una pratica costante nel perseguire gli obiettivi sono qualità essenziali per raggiungere risultati significativi nella vita personale e professionale.

6.3 Coltivare un Terreno Fertile

La gratitudine è una qualità straordinaria che può portare gioia, contentezza e prosperità nella vita di chiunque la coltivi con sincerità e consapevolezza.

GRATITUDINE

La gratitudine è la capacità di riconoscere e apprezzare le benedizioni, le opportunità e le persone nella propria vita.

Quando si pratica la gratitudine, si sviluppa un atteggiamento di ringraziamento costante per ciò che si ha anziché concentrarsi su ciò che manca.

Questo approccio mentale positivo porta con sé una serie di benefici:

Aumento del benessere emotivo: Essere grati per le piccole cose della vita porta una sensazione di contentezza e felicità che migliora notevolmente il nostro benessere emotivo.

Riduzione dello stress: La gratitudine può aiutare a ridurre lo stress concentrandosi sulle cose positive anziché sulle preoccupazioni e sulle difficoltà.

Miglioramento delle relazioni: Esprimere gratitudine verso gli altri rafforza i legami interpersonali e favorisce la creazione di connessioni significative e autentiche.

Aumento della resilienza: La gratitudine può aiutare a sviluppare una prospettiva più ottimista e resiliente di fronte alle avversità, aiutando a superare le sfide con maggiore forza interiore.

APPREZZAMENTO

L'apprezzamento è simile alla gratitudine ma si estende oltre il riconoscimento delle benedizioni per includere anche la valorizzazione e la consapevolezza del valore delle persone, delle esperienze e delle opportunità che ci circondano.

Quando si pratica l'apprezzamento, siamo più inclini a godere appieno del momento presente e ad accogliere con gioia e gratitudine ogni aspetto della nostra vita.

Vivere nel momento presente: L'apprezzamento ci aiuta a essere più consapevoli e presenti nella nostra vita, permettendoci di cogliere la bellezza e la ricchezza delle esperienze quotidiane.

Migliorare la soddisfazione: Apprezzare ciò che abbiamo e ciò che siamo porta a una maggiore soddisfazione e felicità nella vita, indipendentemente dalle circostanze esterne.

Promuovere la generosità: L'apprezzamento porta con sé un desiderio naturale di condividere ciò che abbiamo con gli altri, promuovendo atti di gentilezza e generosità che contribuiscono al benessere collettivo.

Coltivare una mentalità abbondante: L'apprezzamento ci aiuta a passare da una mentalità di scarsità a una mentalità di abbondanza, permettendoci di vedere le opportunità e le risorse disponibili nella nostra vita in modo più chiaro e positivo.

In conclusione, la pratica della gratitudine e dell'apprezzamento è un potente strumento per coltivare un terreno fertile per il successo, la felicità e il benessere.

Integrando queste qualità nella nostra vita quotidiana, possiamo trasformare la nostra prospettiva, migliorare le nostre relazioni e vivere una vita più appagante e significativa.

Ecco alcuni ulteriori esempi su come coltivare un terreno fertile attraverso la pratica della gratitudine e dell'apprezzamento:

Tenere un diario della gratitudine: Ogni giorno, prenditi del tempo per annotare almeno tre cose per cui sei grato. Potrebbero essere piccole cose quotidiane o grandi traguardi raggiunti. Questo semplice esercizio ti aiuterà a mantenere una prospettiva positiva e a concentrarti sulle benedizioni nella tua vita.

Esprimere gratitudine verso gli altri: Non dare mai per scontato l'amore, il sostegno e la gentilezza delle persone che ti circondano. Esprimi regolarmente la tua gratitudine verso amici, familiari, colleghi e persone care per il loro contributo positivo alla tua vita.

Praticare la mindfulness: Dedica del tempo ogni giorno alla pratica della mindfulness, che ti aiuterà a essere presente nel momento presente e a godere appieno delle esperienze quotidiane. Sii consapevole dei tuoi pensieri, delle tue emozioni e delle tue sensazioni senza giudizio, accettando la realtà così com'è.

Cercare il lato positivo nelle sfide: Anche nelle situazioni difficili, cerca di trovare qualcosa di positivo su cui concentrarti. Ad esempio, rifletti su ciò che hai imparato da un'esperienza difficile o su come ti ha aiutato a crescere e a diventare più forte.

Praticare l'auto-compassione: Sii gentile e compassionevole con te stesso. Accetta i tuoi difetti e i tuoi errori come parte del processo di crescita e impara a perdonarti. Tratta te stesso con la stessa gentilezza e compassione che riservi agli altri.

Condividere la tua gratitudine: Oltre a esprimere gratitudine agli altri, condividi regolarmente la tua gratitudine con il mondo. Puoi farlo tramite piccoli gesti di gentilezza, come fare un complimento a uno sconosciuto o fare volontariato per aiutare chi è meno fortunato.

Visualizzare il futuro con gratitudine: Immagina il futuro che desideri con gratitudine e apprezzamento. Visualizza te stesso raggiungere i tuoi obiettivi e sperimentare gioia e soddisfazione nella tua vita. Questa pratica ti aiuterà a mantenere la motivazione e la determinazione nel perseguire i tuoi sogni.

Fare una pausa per apprezzare: Fermati ogni tanto durante la giornata per apprezzare il momento presente. Respira profondamente, osserva ciò che ti circonda e permetti al senso di gratitudine di riempire il tuo cuore. Anche i momenti più semplici possono essere pieni di bellezza e significato se sei disposto a notarli.

Integrando queste pratiche nella tua vita quotidiana, potrai coltivare un terreno fertile per il successo, la felicità e il benessere duraturi.

In questo capitolo esplorato approfonditamente il potere della visione, dell'autodisciplina e della gratitudine nel plasmare la nostra realtà. Abbiamo imparato che ogni pensiero, azione e emozione contribuisce alla creazione della nostra esperienza di vita e che possiamo essere i veri architetti del nostro destino.

Ricordiamo che piantando semi di positività, impegno e gratitudine, possiamo nutrire un terreno fertile per il successo e il benessere. Ogni giorno è un'opportunità per coltivare la nostra realtà desiderata e trasformare i nostri sogni in realtà.

In questo viaggio di trasformazione personale, dobbiamo essere pazienti e costanti, sapendo che ogni piccolo passo avanti ci avvicina sempre di più al nostro obiettivo. Sia che stiamo coltivando una mentalità positiva, sia che stiamo lavorando alla nostra autodisciplina o praticando la gratitudine, ogni sforzo conta e contribuisce al nostro successo.

Siamo i custodi della nostra realtà e possiamo plasmarla secondo i nostri desideri e aspirazioni più profonde.

Manteniamo viva la fiamma della speranza e della determinazione mentre ci avventuriamo verso un futuro luminoso e gratificante. Siamo pronti a abbracciare il potere della trasformazione e a creare la vita che desideriamo veramente.

7. Vivere una Vita di Successo

Nel capitolo "Vivere una Vita di Successo", ci immergeremo nel cuore della realizzazione personale e dell'impatto positivo che possiamo avere sulla nostra vita e sulla vita degli altri. Esploreremo le abitudini, le mentalità e le azioni che ci consentono di creare una vita ricca di successo, significato e soddisfazione.

La ricerca del successo non riguarda solo il raggiungimento di obiettivi materiali o professionali, ma abbraccia un approccio olistico alla vita che comprende il benessere personale, le relazioni significative e il contributo positivo alla società. In questo capitolo, esamineremo i principi fondamentali che guidano una vita di successo e scopriremo come possiamo applicarli nella nostra esistenza quotidiana.

Preparati a esplorare nuove prospettive, a scoprire le tue risorse interne e a metterti in viaggio verso una vita di successo, realizzazione e felicità duratura. È il momento di iniziare il viaggio verso una vita di successo, e questo capitolo sarà la tua guida.

7.1 Creare Abitudini di Successo

Vivere intenzionalmente è un'arte che richiede consapevolezza, impegno e pratica costante. Significa essere attivamente coinvolti nelle scelte che facciamo ogni giorno e orientare le nostre azioni verso ciò che ci avvicina ai nostri obiettivi e alle nostre aspirazioni.

In questo capitolo, esploreremo più approfonditamente il concetto di vivere intenzionalmente e come possiamo creare abitudini di successo che ci sostengano nel nostro percorso.

Consapevolezza delle Scelte

Il primo passo per vivere intenzionalmente è sviluppare una consapevolezza delle nostre scelte quotidiane. Spesso siamo influenzati dalle nostre abitudini, dalle aspettative degli altri o dalle circostanze esterne, perdendo di vista ciò che è veramente importante per noi. Imparare a prestare attenzione a ciò che facciamo e a perché lo facciamo è fondamentale per iniziare a vivere intenzionalmente.

Definizione degli Obiettivi

Una parte essenziale di vivere intenzionalmente è avere chiari obiettivi e una visione chiara del futuro che desideriamo creare per noi stessi. Quando abbiamo obiettivi chiari e significativi, diventa più facile fare scelte che ci avvicinano a essi. Dobbiamo definire obiettivi che siano specifici, misurabili, realistici e con una scadenza, e poi lavorare costantemente verso di essi.

Creazione di Abitudini di Successo

Le abitudini sono la chiave per il successo a lungo termine. Quando creiamo abitudini positive e costruttive, ci avviciniamo costantemente ai nostri obiettivi senza dover fare sforzi eccessivi. Nella pratica quotidiana, possiamo creare abitudini che supportano il nostro benessere fisico, emotivo, mentale e spirituale. Queste abitudini potrebbero includere la meditazione, l'esercizio fisico regolare, la pianificazione delle attività giornaliere e la pratica della gratitudine.

Responsabilità Personale

Vivere intenzionalmente richiede anche assunzione di responsabilità personale per le nostre azioni e i nostri risultati. Significa smettere di dare la colpa agli altri o alle circostanze esterne e riconoscere che siamo noi stessi i principali artefici del nostro destino. Quando prendiamo la responsabilità delle nostre vite, ci mettiamo al timone e diventiamo creatori consapevoli della nostra realtà.

Persistenza e Adattabilità

Infine, vivere intenzionalmente richiede una combinazione di persistenza e adattabilità. Dobbiamo essere disposti a perseverare nonostante le sfide e i fallimenti lungo il percorso, ma anche ad adattare le nostre strategie e approcci quando le circostanze cambiano. Essere flessibili e aperti al cambiamento ci consente di rimanere allineati ai nostri obiettivi mentre navighiamo attraverso le sfide della vita.

Vivere intenzionalmente è un'abilità che possiamo coltivare e perfezionare nel tempo. È una via per creare una vita di successo, realizzazione e significato.

Quando siamo consapevoli delle nostre scelte, orientati verso obiettivi chiari e sostenuti da abitudini positive, possiamo davvero vivere la vita che desideriamo e meritiamo.

Ecco alcuni altri esempi di abitudini di successo che puoi adottare per vivere intenzionalmente:

Pratica della gratitudine giornaliera: Ogni giorno, prenditi del tempo per riflettere su ciò per cui sei grato nella tua vita. Annotare tre cose per cui sei grato ogni giorno può aiutarti a mantenere una prospettiva positiva e a mantenere l'attenzione su ciò che è importante.

Pianificazione giornaliera: Dedica del tempo ogni giorno per pianificare le attività e le azioni che ti avvicineranno ai tuoi obiettivi. Una pianificazione ben strutturata può aiutarti a rimanere focalizzato e a massimizzare il tuo tempo.

Pratica della visualizzazione: Visualizza regolarmente i tuoi obiettivi e i tuoi successi futuri. Immagina vividamente ciò che vuoi realizzare e visualizzati già nel processo di raggiungimento dei tuoi obiettivi. Questo può aiutarti a mantenere la motivazione e la determinazione nel perseguire i tuoi sogni.

Sviluppo personale continuo: Dedica del tempo ogni giorno per imparare e crescere. Leggi libri, ascolta podcast, partecipa a seminari o corsi che ti aiutano a sviluppare nuove competenze e conoscenze. Il miglioramento continuo è essenziale per il successo a lungo termine.

Mantenere un atteggiamento positivo: Cerca di mantenere un atteggiamento positivo nonostante le sfide che potresti incontrare lungo il percorso. Affronta le difficoltà con ottimismo e fiducia nelle tue capacità di superarle.

Pratica della disciplina: Sviluppa la disciplina personale per mantenere la coerenza nelle tue azioni e abitudini. Stabilisci delle regole e dei confini per te stesso e mantienili, anche quando potrebbe essere difficile farlo.

Networking e relazioni significative: Investi nel tuo network di relazioni personali e professionali. Coltiva relazioni significative con persone che ti ispirano, sostengono e incoraggiano il tuo successo. Le connessioni positive possono aprirti nuove opportunità e offrirti supporto durante il tuo viaggio verso il successo.

Mantenimento dell'equilibrio: Cerca di mantenere un sano equilibrio tra lavoro, vita personale, salute e benessere. Dedica tempo anche al riposo, al relax e al divertimento, poiché questi sono fondamentali per mantenere l'energia e la vitalità necessarie per perseguire il successo a lungo termine.

Adottare queste abitudini può aiutarti a vivere in modo più intenzionale e a creare un ambiente che favorisce il successo e il benessere complessivo.

7.2 Contribuire Positivamente alla Vita degli Altri

Condividere il raccolto significa non solo godere dei frutti del proprio lavoro e successo personale, ma anche contribuire positivamente alla vita degli altri.

Contribuire positivamente alla vita degli altri è uno degli aspetti più gratificanti e significativi del successo personale. Quando condividiamo il nostro successo con gli altri, non solo influenziamo positivamente le loro vite, ma contribuiamo anche a creare un mondo migliore e più felice per tutti.

Immagina di essere come un faro luminoso, irradiante gentilezza, compassione e generosità in ogni direzione. Quando aiutiamo gli altri a risplendere, la nostra luce diventa ancora più luminosa e la nostra vita si arricchisce di significato e scopo.

Ecco alcuni modi in cui puoi fare la differenza nella vita degli altri:

Mentoraggio e coaching: Condividi le tue esperienze, conoscenze e competenze con gli altri agendo come mentore o coach. Offri il tuo supporto e la tua guida a coloro che sono meno esperti o che cercano di raggiungere obiettivi simili ai tuoi.

Volontariato e servizio alla comunità: Trova modi per dare indietro alla tua comunità attraverso il volontariato e il servizio. Partecipa a iniziative di volontariato locali, dona il tuo tempo per cause benefiche o organizza eventi per raccogliere fondi per buone cause.

Condivisione delle risorse: Offri risorse materiali o finanziarie a coloro che ne hanno bisogno. Può essere qualcosa di semplice come donare cibo o abiti, o offrire supporto finanziario a organizzazioni benefiche o persone in difficoltà.

Inspirazione e motivazione: Usa la tua storia e il tuo successo personale per ispirare e motivare gli altri. Parla pubblicamente dei tuoi successi, dei tuoi fallimenti e delle tue sfide per mostrare agli altri che è possibile superare le difficoltà e raggiungere grandi risultati.

Costruzione di connessioni significative: Cerca di stabilire connessioni autentiche e significative con gli altri. Ascolta attentamente le loro storie, offri il tuo sostegno e la tua empatia e sii presente per loro nei momenti di bisogno.

Promozione dell'inclusione e della diversità: Impegnati per promuovere l'inclusione e la diversità nelle tue interazioni quotidiane. Sii aperto alla prospettiva degli altri, rispetta le differenze e difendi i valori dell'uguaglianza e della giustizia sociale.

Educazione e sviluppo personale: Investi nell'istruzione e nello sviluppo personale degli altri. Condividi risorse, consigli e opportunità che possono aiutare gli altri a crescere, imparare e migliorare le proprie capacità e competenze.

Condividere il proprio successo e il proprio benessere con gli altri non solo porta gioia e soddisfazione personale, ma contribuisce anche a creare un mondo migliore e più solidale per tutti.

Quando condividiamo il nostro successo e il nostro benessere con gli altri, creiamo un effetto a catena di gentilezza e generosità che si ripercuote in tutto il mondo.

Ogni atto di bontà, per quanto piccolo possa sembrare, ha il potere di cambiare positivamente la vita di qualcuno e di influenzare il corso della storia. Non sottovalutare mai il potere che hai di fare la differenza nella vita degli altri.

In conclusione, vivere una vita di successo va oltre il raggiungimento degli obiettivi personali. Significa anche condividere il proprio successo con gli altri e contribuire positivamente alla vita delle persone intorno a noi.

Quando coltiviamo abitudini di successo, nutriamo non solo il nostro benessere, ma anche quello degli altri.

Ognuno di noi ha il potenziale per essere un faro di ispirazione e di generosità, e attraverso piccoli gesti di gentilezza e compassione, possiamo influenzare in modo significativo il mondo che ci circonda. Continuiamo a coltivare un ambiente di crescita, condivisione e collaborazione, perché insieme possiamo costruire un futuro luminoso e gratificante per tutti.

8. Conclusione

8.1 Riassunto dei Principi Chiave della Legge

Nella conclusione di questo viaggio attraverso la "Legge del Seme e del Raccolto" di Jim Rohn, è importante riflettere sui principi chiave che abbiamo esaminato e interiorizzato.

La legge stessa ci insegna che ciò che seminiamo nella nostra vita, sia esso positivo o negativo, si rifletterà nei risultati che otteniamo.

La nostra mentalità, le nostre azioni e le nostre relazioni hanno un impatto diretto sul successo che possiamo raggiungere.

Ricordiamo sempre che possediamo il potere di plasmare il nostro destino attraverso le nostre scelte quotidiane. Coltivando pensieri positivi, adottando azioni proattive e nutrendo relazioni significative, possiamo creare un terreno fertile per il successo e il benessere. Inoltre, è fondamentale affrontare le sfide con determinazione e gratitudine, riconoscendo che ogni ostacolo è un'opportunità di crescita e apprendimento.

Guardiamo al futuro con visione e obiettivi chiari,
sapendo che ogni passo che compiamo ci avvicina sempre
di più alla realizzazione dei nostri sogni. Continuiamo a
coltivare autodisciplina e consistenza, perché sono questi
tratti che ci consentono di innaffiare e curare i semi del
successo giorno dopo giorno.

In questo viaggio, abbiamo imparato che la "Legge del
Seme e del Raccolto" è molto più di una semplice teoria; è
una filosofia di vita che ci invita a vivere in modo
consapevole, responsabile e gratificante.

Attraverso la pratica costante di questi principi, possiamo
trasformare radicalmente la nostra realtà e raggiungere
livelli di successo e realizzazione che prima pensavamo
impossibili. La "Legge del Seme e del Raccolto" ci invita
a essere consapevoli dei semi che piantiamo ogni giorno e
a coltivarli con cura e intenzionalità, sapendo che ogni
azione positiva che intraprendiamo contribuisce alla
nostra crescita e al nostro benessere.

Ecco un riassunto dei principi chiave della Legge del
Seme e del Raccolto di Jim Rohn:

Responsabilità personale: Riconoscere che siamo responsabili del nostro successo e del nostro benessere, poiché ciò che seminiamo nella vita determina ciò che raccogliamo.

Pensiero positivo: Coltivare una mentalità ottimistica e focalizzata sulle opportunità anziché sulle sfide, poiché i nostri pensieri influenzano direttamente i risultati che otteniamo.

Azioni proattive: Prendere iniziative e agire con determinazione per perseguire i nostri obiettivi, anziché rimanere passivi o aspettare che le cose accadano.

Relazioni significative: Costruire connessioni autentiche e solidali con gli altri, poiché il supporto sociale e le relazioni positive sono fondamentali per il successo e il benessere.

Crescita personale: Abbracciare il processo di crescita continua e imparare dagli ostacoli e dalle esperienze della vita, poiché ogni sfida rappresenta un'opportunità di apprendimento e sviluppo.

Condivisione del successo: Celebrare i successi personali
e condividerli con gli altri, contribuendo positivamente
alla vita degli altri e diffondendo ispirazione e speranza.

Gratitudine e apprezzamento: Coltivare una mentalità
di gratitudine per le benedizioni nella nostra vita,
riconoscendo e apprezzando le piccole gioie quotidiane.

Intenzionalità e consistenza: Essere deliberati nelle
nostre azioni e rimanere costanti nel perseguire i nostri
obiettivi, poiché la disciplina e la coerenza sono chiavi per
ottenere risultati duraturi.

Questi principi fondamentali ci guidano nel seminare semi
di successo e felicità nelle nostre vite, creando un terreno
fertile per il nostro sviluppo personale e professionale.

8.2 Continuare il Viaggio verso il Successo

Nella conclusione del nostro viaggio attraverso i principi della Legge del Seme e del Raccolto di Jim Rohn, ci troviamo di fronte a un momento di riflessione e di prospettiva sul futuro. Abbiamo esplorato le profonde verità insite in questa legge universale e abbiamo compreso come possiamo applicarla concretamente nella nostra vita quotidiana per ottenere successo e benessere personale.

Ora, mentre ci prepariamo a concludere questo viaggio, è importante ricordare che il cammino verso il successo e il benessere personale è un percorso continuo e in evoluzione. Non si tratta di raggiungere una destinazione finale, ma piuttosto di abbracciare il processo di crescita e miglioramento costante.

I prossimi passi che intraprenderemo dipenderanno dalle nostre aspirazioni personali, dai nostri obiettivi e dalle nostre passioni. Possiamo scegliere di continuare a coltivare i semi del successo attraverso l'applicazione diligente dei principi che abbiamo appreso, lavorando costantemente per migliorare noi stessi e il mondo che ci circonda.

Siamo chiamati a mantenere viva la fiamma della
motivazione e della determinazione, ad affrontare le sfide
con coraggio e a celebrare i successi con gratitudine.
Possiamo scegliere di essere protagonisti attivi delle
nostre vite, responsabili delle nostre scelte e dei nostri
risultati.

Quindi, mentre concludiamo questo capitolo, invito
ciascuno di noi a guardare avanti con fiducia e ottimismo,
pronti ad abbracciare il futuro con gioia e determinazione.

Il nostro viaggio verso il successo e il benessere personale
continua, e siamo pronti ad affrontarlo con tutto il nostro
impegno e la nostra determinazione.

Che il nostro cammino sia illuminato dalla
consapevolezza e dalla consapevolezza di poter coltivare
il nostro giardino interiore e raccoglierne i frutti con gioia
e gratitudine.

Nella chiusura di questo libro, ci troviamo alla fine di un viaggio di scoperta, crescita e trasformazione. Attraverso le parole di Jim Rohn e il potere della Legge del Seme e del Raccolto, abbiamo aperto le porte alla possibilità di un cambiamento positivo nella nostra vita.

Ogni pagina ha rappresentato un invito a esplorare il nostro potenziale, a seminare i semi del successo e del benessere personale e a raccogliere i frutti di una vita vissuta con intenzionalità e consapevolezza.

Ora, mentre chiudiamo questo capitolo, ricordiamo che il vero segreto del successo non risiede solo nell'assimilazione di conoscenze, ma nella loro applicazione pratica nella vita di tutti i giorni. Siamo chiamati ad agire, a coltivare abitudini positive e a perseguire i nostri obiettivi con determinazione e impegno.

Il viaggio non finisce qui. È solo l'inizio di una nuova fase, ricca di opportunità, sfide e successi. Ogni giorno è un'opportunità per crescere, imparare e progredire verso una vita più significativa e appagante.

Che le lezioni apprese da Jim Rohn e dalla Legge del Seme e del Raccolto continuino a guidarci lungo il nostro percorso, illuminando il nostro cammino e ispirandoci a dare il meglio di noi stessi in ogni momento.

Con fiducia nel nostro potenziale e gratitudine per il viaggio che abbiamo intrapreso insieme, guardiamo al futuro con ottimismo e determinazione, pronti a creare la vita straordinaria che meritiamo. Che ogni passo che facciamo ci avvicini sempre di più al nostro successo e al nostro benessere.

"Che il tuo viaggio verso il successo sia un'emozionante avventura, dove ogni passo ti avvicina sempre di più alla realizzazione dei tuoi sogni più audaci. Te lo meriti."